LES MÉMOIRES

DE BADINGUET

PAR

E. RAMIER.

> Ce qu'on voit en France depuis
> le deux décembre, c'est l'orgie
> de l'ordre.　　　V. HUGO

LONDRES

CHEZ TOUS LES LIBRAIRES

1865.

LES MÉMOIRES DE BADINGUET.

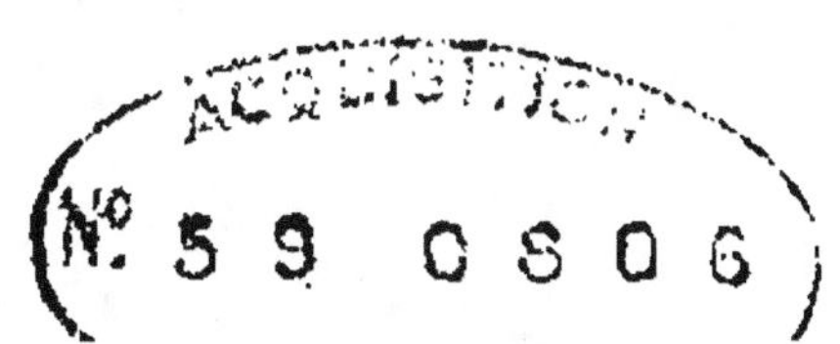

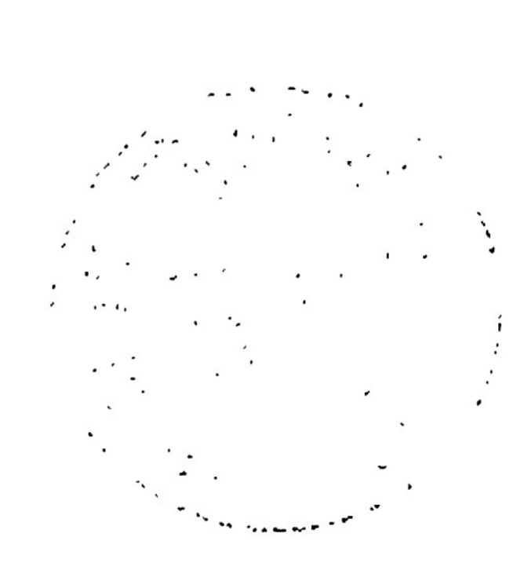

LES MÉMOIRES

DE BADINGUET

PAR

E. RAMIER.

Ce qu'on voit en France depuis
le deux décembre, c'est l'orgie
de l'ordre.   V. HUGO

LONDRES

CHEZ TOUS LES LIBRAIRES

1865.

LES MÉMOIRES DE BADINGUET.

I.

Le temps est maintenant aux mémoires. Chacun veut écrire les siens. Pourquoi, après les mémoires de Thérésa, n'aurions-nous pas ceux de Badinguet?

Croit-on par hasard que ces derniers n'offriront pas un nombre aussi considérable de piquantes anecdotes et d'intéressantes révélations? Ah! pour peu qu'on voulût percer à jour les murailles des Tuileries, pour peu qu'on voulût promener le lecteur dans cette maison de la rue Marbœuf, où il s'est accompli tant d'infamies ; ou dans ces palais d'été, tels que Compiègne, qui furent le théâtre de tant de saturnales, il serait aisé de dévoiler des intrigues et des orgies mille fois plus honteuses que tout ce qui peut s'accomplir derrière les coulisses.

La famille Bonaparte est comme celle des Césars antiques, une famille qui semble jetée sur la terre pour le malheur de l'humanité. Dans ce monde, le bien et le mal sont continuellement en lutte et souvent avec des chances si diverses, qu'il est impossible de prévoir à qui demeurera la victoire définitive.

De tout temps le crime a eu ses hommes, Les uns s'introduisent nuitamment dans une habitation, dont ils escaladent les murs ; les autres attendent le voyageur sur le grand chemin et le dépouillent au détour de la route. Contre tous ces malfaiteurs la justice humaine a ses garanties ; contre tous elle est forte pour la répression. Mais il est d'autres héros du crime vis-à-vis desquels la loi se trouve impuissante et qui savent se mettre **au-dessus de la loi elle-même.**

Ce sont ceux dont le secret est d'attacher à leur infamie mille intérêts et de se faire mille complices. Alors, bandits de la civilisation, ils se posent en travers sur la grande voie du progrès, et soudain, au détour de la route, ils apparaissent, le pistolet aux poings, aux yeux étonnés d'un grand peuple, dont ils égorgent la liberté.

Ces hommes ont également existé de tous temps. Anciennement on les appelait des Césars; maintenant ce sont des Bonaparte.

Mais ce qui distingue ces derniers de ceux qui les ont précédés, ce qui leur donne un caractère particulier, c'est la cruauté, la froide cruauté qui préside à toutes leurs actions.

Chacun connaît cette maxime du premier Bonaparte : « En politique, les hommes ne « comptent que pour des chiffres. On les ef-« face selon le besoin que l'on peut avoir de « les faire disparaître (1). »

(1) Paroles prononcées par le général Bonaparte pendant sa campagne d'Égypte et pour justifier ses cruautés à l'égard des indigènes.

Un autre jour, c'était après une grande bataille (1), l'homme de Brumaire parcourait, suivi de son brillant état-major, ce vaste champ de carnage où reposaient côte à côte tant de milliers d'hommes, les uns morts, d'autres mourants, d'autres blessés seulement. Les chevaux passaient comme une trombe, à travers cette grande scène de désolation.

Tantôt ils bondissaient au-dessus d'un amas de cadavres ; tantôt leurs jarrets d'acier s'enfonçaient dans cette terre, que des flots de sang avait transformée en bourbier ; partout leur sabot lançait des éclaboussures rougeâtres et sinistres.

— « Bah ! disait cyniquement l'homme im-
« périal en puisant une large pincée de ta-
« bac dans la poche de son gilet, nous avons
« fait aujourd'hui une grande consomma-
« tion »

Il est un troisième fait moins connu, mais non moins cruel. Après le dix-huit Brumaire, ce n'était pas assez pour le premier consul

____

(1) Iéna.

d'avoir frappé au cœur la liberté elle-même, il fallait encore frapper ceux qui pourraient tenter de relever le saint étendard et s'opposer à ses projets ultérieurs.

Ce fut cette raison qui décida Bonaparte à impliquer le général Moreau dans la conspiration Pichegru et Georges Cadoudal.

Mais cette fois la complaisance des juges ne fut pas à la hauteur du crime qu'on leur proposait. Ils hésitèrent devant l'attitude décidée de la France, et voulant satisfaire tout le monde, ils ne contentèrent personne.

Grand fut le désappointement du premier consul en apprenant que Moreau n'était condamné qu'à deux ans de prison.

— « Eh quoi ! s'écria-t-il avec rage, *ces ani-*
« *maux* (sic) me déclarent qu'il ne peut se sous-
« traire à une condamnation capitale ; que sa
« complicité au premier chef est évidente, et
« *voilà qu'on me le condamne comme un voleur de*
« *mouchoirs.* (1) »

(1) Paroles cruelles rapportées par Bourienne dans ses mé moires. L'assassin qui a manqué son coup parlerait-il autrement ?

II.

Pater est ille quem nuptiæ demonstrant.

Le père est celui que le mariage indique.

Tel est l'axiome juridique.

Je n'ai nulle envie de venir ici en critiquer
la justesse. Je serais même le premier à en
reconnaître le bon sens pratique ; mais je dirai
qu'il prouve au moins qu'on peut parfaite-
ment ne pas être le fils de son père.

C'est ce que nous allons mieux démontrer
encore par un exemple :

Le 4 janvier 1802 avaient lieu le contrat civil
et la cérémonie religieuse du mariage entre
Louis Bonaparte, roi de Hollande, et Hortense
de Beauharnais, fille de la femme du premier
consul.

Cette union des deux côtés ne se fit pas de
bonne grâce ; ce fut encore moins un mariage
d'amour.

« Jamais, dit Louis Bonaparte en faisant
« lui-même le récit de cette cérémonie, jamais

« deux époux ne conçurent plus vivement le
« pressentiment de toutes les horreurs d'un
« mariage forcé, mal assorti. »

Il circulait en outre, parmi le peuple, des
bruits peu agréables pour l'oreille d'un mari,
et qui certes n'étaient pas faits pour donner
du charme à une union qui en avait déjà si
peu.

Hortense, disait-on, était dans une position
intéressante pour tous... excepté pour les
yeux d'un époux de la veille. Le premier
consul n'était pas, ajoutait-on, étranger à
cette grossesse prématurée. Nous ne passe-
rons pas notre temps à rechercher ce qu'il
y avait de vrai ou de faux dans ces médi-
sances.

Contentons-nous seulement de dire que la
jeune Hortense avait d'abord été destinée au
général Duroc. Mais le gouverneur des Tuileries se récusa dans des termes d'une si fran-
che crudité; il dit si haut qu'il n'était pas dis-
posé à jouer le rôle d'un *mari de Molière, d'un
George Dandin* (sic), qu'il fallut renoncer à
l'espoir de cette union.

Au reste, cette position délicate de la jeune reine qui faisait alors parler tant de monde, n'étonnera bientôt plus personne. Elle sera presque toujours son état normal.

La bonne entente ne dura pas longtemps entre les majestés hollandaises. Louis Bonaparte abdiqua la couronne en faveur de son fils; il alla se retirer à Gratz, en Styrie, sous le nom de comte de Saint-Leu.

Il y avait un peu plus d'un an que l'ex-roi s'était enfermé dans sa solitude, quand l'Europe apprit soudain un événement singulier.

Un miracle s'était accompli en Hollande. La jeune reine venait de donner le jour à un enfant qui devait être dans la suite l'empereur que vous savez.

Les chrétiens d'aujourd'hui n'observent guère les règles de la charité; ils n'ont pas non plus grande confiance dans l'opération du Saint-Esprit; aussi la rumeur publique se hâta-t-elle de mettre le fait sur le compte d'un personnage beaucoup moins sacré. Ce charmant petit péché retomba tout entier sur l'amiral hollandais Verhuel, reçu dans l'intimité de la reine depuis un an environ.

C'est ainsi que le crime ouvrait le chemin de la vie à celui qui devait aller si loin dans la voie du mal.

L'adultère précédait le parjure.

III.

Dès que l'enfant fut en âge de concevoir les avantages qu'il pouvait retirer de l'axiôme cité plus haut, il ne tarda pas à fixer sur lui l'attention publique.

Il rencontra d'abord une violente opposition dans sa propre famille.

Les dames Bonaparte ne l'appelaient que le *faux nom*. C'était un euphémisme destiné à voiler un terme trop cru et capable d'offenser de chastes oreilles.

En 1848, Jérôme Bonaparte répétait encore à tout venant: « que Louis Bonaparte n'était « pas son cousin. C'était un Hollandais, un « intrus que la loi seule avait introduit dans « sa famille. »

J'ignore ce qu'il pouvait y avoir de fondé dans ces déclamations. Mais une chose certaine, c'est que l'empereur, violateur de tant de lois, n'a jamais violé celle qui interdit la recherche de la paternité.

Jusqu'à son avènement à la présidence de la République, la vie politique de Louis Bonaparte fut celle d'un prétendant, mais d'un prétendant audacieux, quoique sans courage et sans dignité.

On connaît ses tentatives de Strasbourg et de Boulogne, qui, toutes deux, n'aboutirent qu'à un échauffourée.

A Strasbourg, un général put arracher les décorations que Bonaparte portait sur sa poitrine, sans que ce dernier ne montrât ni par ses gestes, ni par ses paroles, l'indignation qu'il ressentait d'un semblable traitement. A Boulogne, quand il mit pied à terre, des aides de camp le précédaient, jetant l'argent à pleines mains.

On offrait de l'or aux soldats, on en offrait aux paysans, aux ouvriers, aux matelots.

Les Césars de la décadence en agissaient-

ils autrement quand ils comptaient aux pré-
toriens le prix de la pourpre ?

Nous avons parlé de la vie politique de
Louis Bonaparte ; nous nous abstiendrons de
parler de sa vie privée.

Beaucoup ont avant nous dévoilé des faits
honteux, des intrigues infâmes. Il suffirait
d'interroger les courtisanes d'Italie, les tri-
pots de New-York et de Londres pour faire
surgir un Suétone.

IV.

Nous avons suivi Louis Bonaparte jusqu'à son avènement à la présidence de la République, en 1848.

Passons les quelques années qui précèdent
l'empire. Elles appartiennent à l'histoire. Au
reste, un homme de génie, un vaillant répu-
blicain, V. Hugo, a consacré déjà deux satires
brûlantes à venger la loi, la justice et la morale outragées.

« Votre Deux Décembre, dit-il en parlant

« de Bonaparte, votre Deux Décembre est
« montré au doigt. Personne n'y songe sans
« un secret frisson. Qu'avez-vous fait dans
« cette ombre-là ? » (1).

De toutes les institutions politiques, l'empire est en principe celle qui exerce l'influence la plus malfaisante.

L'empire est essentiellement corrupteur,
anti-civilisateur. C'est le vice, l'esprit du mal
lui-même régnant en maître et ne souffrant
pas de contradiction.

Un principe peut être faux et cependant
être honnête. Le royalisme de droit divin,
par exemple, est de ce nombre. Il devait
tomber inévitablement quand le sentiment
religieux s'affaiblirait parmi les masses.
Mais malgré ses tendances, malgré les per-
sonnalités qui l'ont représenté, le royalisme
a toujours été et est demeuré honnête. Dé-
coulant de la Divinité, il a pris quelque chose
de cette honnêteté suprême que l'on attribue
à Dieu.

Aussi, d'accord sur l'absolutisme, le roya-

(1) Napoléon le petit.

lisme et l'empire diffèrent essentiellement dans leur conduite.

L'un, par un artifice machiavélique, paraît découler du peuple pour mieux asseoir son pouvoir ; l'autre, au contraire, nie toute intervention populaire pour ne recevoir ses droits que d'un Dieu tout-puissant.

L'un achète des créatures ; l'autre enrichit des courtisans.

L'un corrompt, démoralise la société pour mieux l'asservir ; l'autre l'asservit sans ménagement, sans égards, mais aussi sans amener cette corruption dissolvante.

La royauté a duré huit siècles, et cependant elle n'a pu empêcher 89 et 93, ces grandes revendications de la liberté humaine ; l'empire ne durerait pas deux siècles sans amener la barbarie.

Malgré cela, admettons que l'empire soit une bonne chose ; nions un instant son influence funeste. Je dirais encore : oui, dans les circonstances actuelles, l'empire est impuissant pour le bien ! Parti d'un crime, il ne peut aboutir qu'à un crime.

Arrivant au pouvoir par la violation de la loi, l'emprisonnement des représentants du peuple, les mitraillades de Paris, les massacres et les déportations qui ont affligé toute la France, que peut-il faire? Quels fruits peut porter l'arbre dont les racines sont pourries?

L'empire porte avec lui sa tache originelle.

Dès sa naissance l'histoire l'a marqué du sceau infâme.

Il a duré quinze ans; il peut en durer quinze encore. Mais il végètera solitaire parmi le monde, ne rencontrant nulle part ni sympathie, ni appui. Ce sera un forçat en pleine liberté que personne n'aura la puissance d'arrêter, mais dont chacun se défiera toujours et désirera tout bas la perte.

A l'intérieur, la situation de l'empire sera-t-elle meilleure?

Hélas! non.

Aucun pouvoir, a dit Montesquieu, n'est plus tyrannique que celui qui vient après une république, parce que, succédant au peuple, il en prend tous les droits, lesquels sont illimités.

L'empire de Décembre venant après la république de 48, semble avoir voulu prendre à tâche de justifier ces paroles du profond penseur.

A lui, il se croit tout permis, le bon comme le mauvais, le juste comme l'injuste.

Privée de la liberté de la presse, de la liberté d'association et de toutes les autres libertés, en proie à la police et aux délations, la France n'est plus qu'un grand corps sans âme.

Aussi la décadence vient-elle à grands pas.

Plus de grandes luttes, plus de ces grandes discussions philosophiques qui fixaient l'attention de l'Europe. Plus de ces vastes questions sociales qui faisaient que tous les peuples se tournaient instinctivement vers la France comme vers un phare lumineux. — Non, une chanteuse, une Thérésa a remplacé tout cela.

Les anciens Romains venaient après huit siècles de république; là où il leur a fallu des siècles pour se perdre, nous autres, venant après huit siècles de royauté, nous serions perdus en quelques années. Nous n'avons encore eu que César et déjà nous voici à Tibère.

Voici déjà chez nous le règne de la police et des espions. En France, la police a tout renversé, tout remplacé.

Elle peut tout; elle est toute puissante. Ne peut-elle pas suspendre les journaux, traquer la presse, emprisonner les citoyens?

De récents procès n'ont-ils pas démontré qu'elle enfermait des hommes intelligents dans des maisons de santé, uniquement parce que ces hommes la gênaient?

N'en a-t-elle pas fait disparaître d'autres sans que jamais on n'ait connu leur sort?

Voulez-vous savoir ce que c'est et ce que peut la police? Écoutez ce qu'en dit Châteaubriand, un auteur que, certes, on n'accusera pas de partialité :

« Les hommes consacrés à la police, dit-il,
« sont ordinairement des hommes peu esti-
« mables, et quelques-uns d'entre eux des
« hommes capables de tout. Comment peut-
« on tolérer un tel foyer de despotisme, un tel
« amas de pourriture?

« Comment, dans un pays où tout doit
« marcher par les lois, établir une adminis-
« tration dont la nature est de les violer tou-
« tes? Comment laisser une puissance sans
« bornes dans les mains d'un ministre que
« ses rapports forcés avec ce qu'il y a de plus
« vil dans l'espèce humaine doivent disposer
« à profiter de la corruption et à abuser du
« pouvoir?

« Que faut-il pour que la police soit habile?
« Il faut qu'elle paye le domestique, afin
« qu'il vende son maître; qu'elle séduise le
« fils, afin qu'il trahisse son père; qu'elle
« tende des piéges à l'amitié, à l'innocence.
« Récompenser le crime, punir la vertu, c'est
« toute la police.

.   .   .   .

« Les opinions peuvent-elles être indépen-
« dantes en présence d'un ministre de la po-
« lice qui ne les écoute que pour connaître
« l'homme qu'il faut dénoncer un jour, frap-
« per ou corrompre? » (1)

____

(1) Châteaubriand. *De la monarchie selon la Charte.*

Est-ce assez honteux ainsi ?

Aussi la noblesse, la vieille noblesse, quels que puissent être ses instincts d'autorité, se tient-elle à l'écart, éloignée du monde impérial. Elle a senti, elle aussi, le côté déshonorant de l'empire.

Sombre et muette, renfermée dans ses hôtels de pierre du faubourg Saint-Germain, jamais elle ne voit les Tuileries que pour les éclabousser de la boue de ses carrosses.

V.

Jusqu'ici, nous avons jugé l'empire par ses actes ; prenons maintenant une autre voie pour le connaître.

La sagesse des nations a dit : « Dis-moi qui « tu fréquentes, je te dirai qui tu es. »

Voyons donc les hommes que l'empire est parvenu à rallier à sa cause : nous connaîtrons peut-être alors quel degré de moralité il possède.

Se présente en première ligne le prince

Jérôme Bonaparte, dont la nullité vaniteuse
et lâche est renfermée tout entière dans
cette épithète : « Plonplon. »

Il y a quelques années, ce prince était le
protecteur en titre de Mlle C...., une char-
mante actrice qui l'aidait de toutes ses forces
à coopérer à la prospérité de l'empire.

Malheureusement, une liaison de cette espèce
ne peut pas toujours durer, quel que soit le
bien que la France en retire.

Mlle C... trouvait son amant *trop fade*, di-
sait-elle ; *il fallait user envers lui de trop de
ménagements* (sic). — Ce fut ce qui décida la
jolie actrice à s'engager pour la Russie dans
une troupe ambulante. Elle était dans ce pays
quand elle apprit le départ de Jérôme Bonaparte pour la Crimée.

— « Je ne l'eus jamais cru capable de cela, »
répétait-elle à chaque instant.

Mais bientôt la nouvelle se modifia. On apprit que le prince avait la colique, ce qui était
un prétexte plus que suffisant pour rebrousser
chemin vers la France.

— « A la bonne heure ! s'écria Mlle C..., je

« reconnais là mon gaillard. Toutes les émo-
« tions trop vives lui produisent le même
« effet. »

Ce fut probablement encore une impres-
sion de ce genre qui l'empêcha de se battre en
duel avec le duc d'Aumale.

Du cousin impérial, passons à la presse.

Il appartenait à l'empire de faire de cette
chose essentiellement civilisatrice, un vaste
moyen de corruption.

Citons donc les noms de tous ces journa-
listes dont les appointements sont inscrits au
budget des fonds secrets de la police. Ils sont
tous d'ailleurs assez connus : les montrer au
doigt, c'est les désigner à la haine de tous
les gens de bien.

Ce sont :

Le père Delamarre, de la *Patrie*; Pollonnais,
de la *France*, vaudevilliste; Dunan-Mousseux,
vaudevilliste, journaliste et marchand d'ha-
bits; Leroux de Lincy, archéologue; Millaud,
journaliste, vaudevilliste et banquier; Mirès,
ancien compère du précédent; de Villemessant
et Legendre, du *Figaro*.

La plume nous conduit naturellement à l'épée. — Passons en revue ce brillant état-major d'officiers de toutes armes et de tous grades dont l'empereur se fait un cortége. Ils sont brillants, galonnés, cousus d'or sur toutes les faces et sur toutes les coutures. On dirait une vaste assemblée de personnages de comédie, ou une réunion de laquais de bonne maison.

Tous ces hommes ont bien mérité de... l'empereur.

Au deux Décembre n'ont-ils pas sauvé Dieu, l'ordre, la loi, la propriété... et la caisse?

Beaucoup d'entreeux, en sauvant toutes ces choses, n'obéissaient, il est vrai, qu'à un penchant bien naturel. Leur passé leur en faisait presque une obligation.

Espinasse, par exemple, le colonel Espinasse, dont le frère Tristan Espinasse fut condamné à vingt ans de travaux forcés par la cour d'assises de la Seine, Espinasse, dis-je, pouvait-il ne pas soutenir le coup de jarnac de décembre? Il faut cependant savoir gré à ces messieurs d'avoir fait leur devoir. Aussi l'empereur récompense-t-il dignement. leur conduite.

Les uns sont aides de camp de Sa Majesté ; les autres généraux de division ou de brigade ; d'autres encore comtes, ducs, que sais-je ?

Tous sont bien rentés, appointés. La France sauvée par eux se fait un véritable plaisir de les payer.

Mais parmi eux, il en est un qui n'a point reçu de l'empire ses titres de noblesse. Il avait su se faire à l'avance une position précieuse, mais non exceptionnelle, dans le monde impérial.

On a deviné que je veux parler de Saint-Arnaud, duc de Glandor dans les circonstances suivantes :

Sous l'ancienne monarchie, Saint-Arnaud n'était pas précisément ce qu'il est aujourd'hui. En ce temps, simplement garde du corps, sans prévoir entièrement la haute fortune qui l'attendait, il roulait déjà dans sa tête des idées d'ambition.

Un jour de grande cérémonie, qu'il se trouvait de service auprès du trône, la majesté

royale le frappa. Ces idées lui revinrent plus
que jamais à la pensée, et en saisissant de
suite le côté pratique, il crut ne pouvoir mieux
faire que de s'approprier les glands d'or du
dais royal.

Une action semblable, celle qui illustre le
plus le fameux Saint-Arnaud, ne pouvait trou-
ver que peu d'imitateurs. Malheureusement,
elle rencontra des jaloux. — Des rapports
eurent lieu. — Le glorieux maréchal d'aujour-
d'hui fut chassé honteusement des gardes du
corps. Sa modestie courut se réfugier dans
l'obscurité de la province ; mais l'histoire
toujours juste, lui a décerné le titre de duc de
Glandor.

. . . .

. . . .

Voilà cependant les hommes qui prétendent
être les sauveurs de la France ! Voilà ceux qui
se posent en défenseurs de la morale et de la
propriété !

Ah ! quand la France se décidera-t-elle donc
à se sauver elle-même ? Elle épargnera le plus
pur de ses trésors et de son sang !